AF617545

NOSTOS

NOSTOS

Rosalía Lozano Gálvez

Primera edición: agosto, 2024
Título: Nostos

07012 Palma (Mallorca)
www.rapitbook.com

ISBN: 978-84128912-9-4

Autora: Rosalía Lozano Gálvez
Ilustración: Rosalía Lozano Gálvez
Imagen de cubierta: Creada con IA
Edición: Andrés Cárdenas

Impresión y encuadernación:
Fotocopistería Impresrapit, s. l.
www.impresrapit.com

Impreso en España - *Printed in Spain*

A todas las mujeres sujeto de deseo

Cuando era niña, para mí el lujo eran los abrigos de pieles, los vestidos de noche y las mansiones a orillas del mar. Más adelante, creí que consistía en llevar una vida de intelectual. Ahora me parece que consiste también en poder vivir una pasión por un hombre o una mujer.

Annie Ernaux, *Pura Pasión.*

Desprendida su funda, el capullo,
tulipán sonrosado, apretado turbante,
enfureció mi sangre con brusca primavera.

Ana Rossetti, *Los devaneos de Erato.*

OFELIA

Lago en el anochecer besado por cenefas de plata
oscilan apenas en la superficie lisa
las crestas serpenteantes
en círculos expansivos
y mueren.
Lago argento aristócrata germano.
Visualizo el eterno retorno.
Vegetación densa, lianas y esmeraldas
en el centro de un continente, lejos del mar
que desprende aromas a jades y juncos
a troncos ambarinos
a agua dulce, fresca,
más bien fría,
más bien helada.
Sombra violácea en el borde rebasa.
La hierba destila leche
recoge salpicaduras de miel
y un manantial negro de obsidiana
cae despreocupado con el brillo
de su vidrio
lacado y pulido.

No te repliegues.
Deja que me adentre,
penetrar en el lago nocturno, desnuda
y blanca, que mi piel brille fosforescente
y que florezcan los lirios en mitad de la luna.
Deja que me adentre, hundir lentamente
los pies en los tallos del lecho
en los posos de tierra mojada
así nadaré hasta el altar
me envolverá la húmeda enredadera
cual frondosa hechicera.
Quiero empaparme de agua fresca
quiero una lechuza en lo alto de una rama;
hablar de rayos de sol
en mitad de la noche,
del eterno retorno, del valor inasible del instante,
de cada segundo de nuestras vidas, de cada elección.

Envolverme en colores brisas que maceren mi piel,
aunque ahogue marea alta en mi ser.

Días B
penumbra en los pies.
A la mañana le sobran tres.

Sehnsucht, saudade
yo por mi parte
añoranza me invade.

Vacío,
lento.
Las horas se clavan tan dentro.

El colegio envuelto
en plástico film,
cielo gris
en los días B
a la noche le sobran porqués.

De pie en la verja
anhelo y deseo
de ver el centro de tus ojos
tan cerca.

Tan cerca
de poder contar tus poros
de tu piel de oro
-piel sonrojo-.

Te sonrojo el cielo
de verde cabello
de verde perfecto
me suelo.

Te suelo de verde cemento
escrito en griego
respirarte anhelo
caminarte deseo.

Te anhelo
de hierba escarchada
de nieve cuchara
de glauca mirada.

Doble glauca
de lago hiedra
de musgo piedra
de verde me ciega.

De pie en la verja
anhelo y deseo
de ver el centro de tus ojos
tan cerca,
tan cerca.

Quiero acariciar tu timidez
como quien acaricia
las cuerdas de una guitarra.

Quiero ver tu desnudez
inocente sin malicia
abrir tu corazón ventana.

Quiero resbalar y caer
de las ideas adventicias
hasta topar con las innatas.

Quiero contar hasta diez
lentamente y con pericia
al mirar cada una de tus pestañas.

Quiero respirar la ingravidez
deleitarme en la delicia
de tu cabello húmedo en la mañana.

Y quiero beber tu nívea tez
emborracharme y etílica
ojos absenta verde emana.

Porque quiero acariciar tu timidez
y que reviente la noticia,
que estallen las campanas
fuegos artificiales en mi alma.

Contención.
La raya blanca que deja un avión
tan grande el deseo
inmenso como el cielo.

El lago amaneció oscuro
sin luz en la noche
el canto más duro
fricciona el futuro
gotas de sangre bajo el broche.

Terroso y varado el curso
voces de reproches
reproches que conjuro
hacia el lago fluctúo
gotas de sangre en los pulmones.

¿Cómo salir del paraíso?
¿Cómo llegar sin previo aviso?
Oxidadas luces de neones
me desorientan y me extravío
en inexpugnables verdes montes.

Barroso de fango en la mañana
me acerco con miedo y fascinada
recorro todos los rincones
mas aún sin ser invitada
yo me lanzo a los leones.

No es apropiado cogerte de la mano.
No lo haré
tampoco te besaré.
Pero sí quiero caminar junto a tu lado
una tarde de verano
bajo la sombra de una flor de tiaré.

Llueve. Fuera.
En mi pecho llueve eléctrica.

¡Traicióname, preciosidad divina!
Y pídeme el cielo, la luna,
la escarcha, la cuna,
el estanque, la laguna,
el siempre, el nunca,
las preguntas, las dudas,
los bosques, las alturas,
mi alma desnuda,
mi dedicación absoluta,
que yo sigo bailando
en tu mano:
te concedo
como un credo
si me miras de cedro
pupilas néctar repliego
yo todo
te concedo.

El Meet se para
el desinfectante me habla
la pizarra me atrapa
los pupitres me desgarran.

Lunes por la mañana.
Busco el Spotify en el iPad,
pulso la aplicación con una yema.
Al retirar la taza de la cafetera
unas gotas caen en la bayeta.
Poesías completas de Hiperión
y *Recuerda, cuerpo* de Poesía Portátil.
Observo mis dos libros de Cavafis.
La tienda de flores ha puesto bajo el balcón
una alfombra de césped falso.
Giro la llave y al arrancar el motor
se iluminan en el salpicadero números Mátrix.
Paro.
Espero
a que el semáforo se ponga en verde.
Me he comprado un tanga verde.
Llego al colegio verde.
Cruzo la barrera verde.
Se sienta en el banco verde

del rincón verde
junto a los barrotes verdes
que separa el huerto verde
tras el olivo verde.

El libro de Filosofía es verde.

Siempre me han dicho que tengo unos ojos preciosos
pero sólo ahora he entendido porqué.

Al extremo del pasillo
tras la noche seda negra
entreveo su blanca nuca.

Flores rojas del destino
tras el sol de primavera
su silueta me perfuma.

El día ha dejado de tener veinticuatro horas:
todo oscila entre media u hora y media.
Media u hora y media de soga.
Cronos devora a sus hijos sin demora
y los timbres no perdonan.

O escribo un poema
o voy a estallar.
O ambas cosas por igual.

¿Qué harías tú con mi dilema,
me deshago de las cadenas
de la convención social?

Voy a hacer de tu silencio
una bala que me atraviese el cuello
un colgante que me queme el pecho
un abismo que me lance desde el cielo.

Voy a hacer de tu silencio
un vasto manto de encaje negro
así vestiré mi alma en duelo
para peinarla y cubrirla con un velo.

Pero no.
NO.
NO QUIERO, QUIERO FUEGO:

Voy a hacer de tu silencio
un arcoíris que nazca de mi techo
un anatema de colores dentro
y un himno al pesar que siento
porque hasta incluso por tu silencio
amo el dolor que en el alma llevo
así que haré de tu silencio gélido
un festival de confeti térmico.

Voy a hacer de tu silencio
la banda sonora
de mi firmamento.

No tocarte las manos
no cantarte el verano
no respirar de tus labios
no tener los sueños intactos.

¡Dame una definición de maravilla!
Te enseñaré una mirada vívida
un balanceo del cuerpo
una mano que retira el cabello
y colocándolo tras la oreja
revela una mejilla tibia.

¡Dame una definición de maravilla!
Te escribiré un poema de emblema
de inspiración divina
desprendida la sábana blanca
palabras tu presencia me elevan
de tus poros piel de vida.

¡Dame una definición de maravilla!
Manos pequeñas, manos níveas
joven imberbe, espuma Afrodita
Eros valiente, Venus delicia
miel verde, lago de brisa
blanca leche, sal derretida.

Definición de maravilla:
maravilla es verte
es que tu césped verde
me haga cosquillas
con tu sonrisa tímida.

Lleva un jersey verde oliva
pero no se trata de pinos ni arena
ni de hierba seca en la acera
que crece sin agua sin vida
amarilla y austera.

Lleva un jersey verde oliva
demasiado grueso para primavera
es la brisa entrada a la pradera
que de alguna manera rima
con lagos de albufera.

EXAMEN DE MATEMÁTICAS

Ser de noche y azabache
azul negro cae la tarde
manto negro tan brillante
y un suspiro ser de noche
antes de que todo acabe
azul negro azabache.

Ser de noche y azabache
manto negro alicate
movimiento seseante
de tus manos a tu cuello
un suspiro y yo muero
azul negro azabache.

Ser de luna y de laguna
ser de plata ojos planta
negro envuelto blanco vuelo
de tus brazos yo envuelvo
ser de leche amamanta
de tus labios blanca manta.

De tu cráter blanca luna
de tu plata ojos bruma
de pestañas espesura
la montaña más rosada
de tus nervios prado calma
de tu rostro mi garganta.

Mi garganta prende luna
de tu manto y espesura
de tu pecho inmensa lava
de mi fuego en mi cintura
de mis piernas pecho envuelvo
ser de noche, de ternura.

Ser de negro azabache
de la luna al inclinarte
yo de blanco quiero humo
de tu blanco yo perfumo
negro blanco me deshace
manto blanco tan brillante.

Ser de noche azabache
azul negro azabache.

Toma un Chupa Chups, tómalo por favor,
porque me pone a prueba esta bravura
de llevar a prosecución
irresistible mis crecientes afanes
de recurrir a estrategias fatales
y cometer una mayor locura.
Qué puedo escribir para no escribir
las dos palabras de hierro candente...
Mar, fuego, arena caliente.
Flores en el cielo,
nubes en el suelo.
La rima deja entreverse.

No, ¡no! No quiero besarle.
Quiero apoyar mis manos en su hombro,
tumbarnos en la hierba inerte
en una tarde de primavera verde
y decirle al oído: "Cuéntame más"
mientras a lo lejos revienta la ciudad
revienta la civilización,
los parkings, los parques,
los centros comerciales,
los barcos, las calles,
las plazas centrales
los trenes, los buses
las zonas peatonales:

sólo

prados

No quiero besarte
quiero entrar en tus ojos
blanca
en tus ojos mi piel blanca
salpicaduras de leche
en tu leche piel,
en mi leche piel,
en el terciopelo esmeralda de nuestro mar inmenso
un lago en el bosque
in
          fi
                    ni
                              to.

¿Qué hay dentro de esa mente?
¿Me lo puedes explicar?
¿Son nuestros ojos el mismo mar?
Es el músico el que me enreda
me ata a la fuerza
y todavía no sé si es Apolo o Dionisio
es una de las dos deidades puras
me muevo bajo el influjo de sus lunas
y mi deseo es la marea
que sube y baja si están cerca.
¿Qué miran mis ojos?
¿Qué hacen mis manos?
¿Me lo puedes explicar?
Son nuestros pechos el mismo manantial.

Pupitréame
pizarréame
googleclassrooméame
meetméame,
por favor...
Méceme con el aliento de tu conexión
mírame con telemática atención
altavoz ¿por qué no suenas?
sus cables son mis venas
que me atan como cuerdas
a tus labios
pixelados
a tu fondo decorado
el medidor de oxígeno va a explotar
y yo me voy a gelhidroalcoholizar.

¿Acaso no ves que llevamos zapatillas de lona?
¿Acaso no ves que eres más alto que yo?
¿Que tu pecho es inmenso y mis manos son rojas?
¿Que, si tocas la guitarra y lees a Nietzsche,
no habrá camisa de fuerza que evite
mis cabezazos contra el extintor?
Soy un ser que ha nacido para el deseo
el deseo es mi motor
el deseo inunda la casa
viste de colores mi habitación
convierte el aula en un museo
me corta la respiración
me hace escribir imágenes violeta
pies de página en magenta;
con Apolo no puedo hacer el amor
pero cuando el alcohol entra en vena
Dionisio me penetra
cae la tarde va la sangre
dime, ¿eso que suena es un aulós?
Te tomaré de la mano y te diré:
"¿Qué quieres saber?"

y el roce de mis dedos en tu piel
provocará un batallón
te voy a llenar de fuego y ardor
me vas a imaginar pegada a tu pantalón
cae la tarde y va la sangre
voy a clavar mis ojos en tu carne.

Yo también.
En cuanto saliste de casa
me percaté
con las piernas temblando
de que tenía el tanga
completamente mojado.

Si se sienta en su pupitre cualquier otro niño
me araña
si lo veo al subir y mirar el pasillo
me amarra
si entro en el aula y lo encuentro vacío
me traspasa
si la puerta está abierta y le veo las patas
me compasa

me pupitre
me repliegue
de nostalgia
me persiana.

¿Cuántas veces me habré detenido en la puerta del aula?
¿Cuántas veces me habré arrebujado entre flora sin fauna?
¿Cuántas veces me habré lagrimido replegada en la jaula?
Cuántos siempres te habré adherido en mi tabla de escarcha.

Me recreo
en cada movimiento de los dedos
de los ojos los suspiros
los murmullos
recortados al oído
al cauce de los surcos
de su pequeña oreja
que ya conozco de tan cerca.

La mirada una herida
al yacer sobre su pecho
fiel reflejo de la mía
un espejo de mí misma
reverberación de fuego
los segundos de silencio
más chillones de mi vida.

Me detengo en las caricias
los pellizcos
las feroces embestidas
en mi boca galopando
firmemente y dando paso
la dureza del rey mármol.
Vencida, yo pegada a bocajarro.

Su tensión contra mi pubis
bombeándome en la ingle
con mi coño almibarado
y la palpable entrepierna
imantada con la estirpe
de voluptuosos mapamundis.

El cabello largo y lacio
serpenteando entre mis dedos
fuerte lazo de antebrazos
anudados a mi lecho.
Niño párpado rendido
mis cariños contenidos
y la mirada adherida
a esos labios femeninos.
Me coloco una soga al cuello.

En un giro acanalado
con sutil prudencia ambigua
osciló sus manos bridas
entre arenas movedizas.
Tan cerca.
Tan cerca.

Tócame entera,
agárrame con fuerza
pellízcame hasta lacerar la carne
aprieta mis tetas sin cautela
en redor de tu verga
y cae hasta abandonar
los dedos en mis níveos muslos:
no tienes ni idea de lo suaves que son
son tan lisos y pulidos que vas a temblar
al deslizar tus manos sobre ellos.
Juro abrirte un mundo entero.

Ojalá vestir camiseta y tanga blanco.
Ojalá acercarme mucho,
solapar mi ombligo vibrante
introducir una pierna en sus rodillas.
Ojalá crepitar su propia carne
hasta no poder aguantar más
de un golpe hincarme al colchón
levantarme las piernas
y asesinarme de fricción.

Ojalá dijera que mi cuerpo es un templo
que me quiere matar de todas las maneras
que no quiere parar,
sus manos en mis muslos, mi vientre, mis caderas,
ojalá decirle que estoy cerca,
estoy cerca,
y exhalar purpurinas y lentejuelas.
Ojalá recibiera
las contracciones de mi convulsión
golpeando contra su dureza
como un eco de su respiración.

EUROPOP [1]

Vosotros, escuchad
os traigo la historia
de una pequeña mujer
que vive en un mundo verde,
y todo el día y toda la noche
y todo lo que ve
es únicamente verde,
como ella, por dentro y por fuera:
verde es su casa
con una pequeña ventana verde,
y un Corvette verde,
y todo es verde para ella y ella misma
y todos a su alrededor
porque no tiene a nadie a quien escuchar:

Soy verde
da ba dee da ba di
da ba dee da ba di
da ba dee da ba di
da ba dee da ba di
da ba dee da ba di
da ba dee da ba di
da ba dee da ba di

---

[1] Adaptado de la canción *Blue* de Eiffel 65 en su álbum *Europop* (1999).

Soy verde
da ba dee da ba di
da ba dee da ba di
da ba dee da ba di
da ba dee da ba di
da ba dee da ba di
da ba dee da ba di
da ba dee da ba di

Tengo una casa verde
con una ventana verde.
Verde es el color de todo lo que llevo.
Verdes son las calles,
y todos los árboles también lo son.
Tengo un novio, y es muy verde.

Verde es aquí la gente
que pasea arriba y abajo.
Verde como mi Corvette,
lo es por dentro y por fuera.
Verdes son las palabras que digo
y también lo que pienso.
Verdes son los sentimientos
que viven en mí.

Soy verde
da ba dee da ba di
da ba dee da ba di
da ba dee da ba di
da ba dee da ba di
da ba dee da ba di
da ba dee da ba di
da ba dee da ba di

Soy verde
da ba dee da ba di
da ba dee da ba di
da ba dee da ba di
da ba dee da ba di
da ba dee da ba di
da ba dee da ba di
da ba dee da ba di

Tengo una casa verde
con una ventana verde.
Verde es el color de todo lo que llevo.
Verdes son las calles,
y todos los árboles también lo son.
Tengo un novio, y es muy verde.

Verde es aquí la gente
que pasea arriba y abajo.
Verde como mi Corvette,
lo es por dentro y por fuera.
Verdes son las palabras que digo
y también lo que pienso.
Verdes son los sentimientos
que viven en mí.

Soy verde
da ba dee da ba di
da ba dee da ba di
da ba dee da ba di
da ba dee da ba di
da ba dee da ba di
da ba dee da ba di
da ba dee da ba di

Soy verde
da ba dee da ba di
da ba dee da ba di
da ba dee da ba di
da ba dee da ba di

da ba dee da ba di
da ba dee da ba di
da ba dee da ba di

Por dentro y por fuera:
verde es su casa
con una pequeña ventana verde,
y un Corvette verde,
y todo es verde para ella y ella misma
y todos a su alrededor
porque no tiene a nadie a quien escuchar.

DE CHOMSKY, LORCA Y LECHUGAS

Ideas en mi mente
que verdes incoloras
duermen furiosamente
traspasan mis neuronas
no veo otra cosa.

No veo más que ese pasto
estatua jardín del sauco
en botánico oxidado
me funde como un helado
de alienígena pistacho.

Calippo de lame lima
Calipso, quédate, mi vida
hierba joven clorofila
jersey grueso verde oliva
rima con aguamarina.

Lirio fresco tallo césped
serpentina en escabeche
lanzo al aire los billetes
¿Qué dirán, dirán las gentes?
Dirán:
"*Verde que te quiero verde*".

Verde viento, verdes ramas[2]
un abismo de esmeraldas
pura esencia de albahaca
no te vayas esperanza
ondea verde en la playa.

En la playa una tortuga
merendando una lechuga
nace Venus de la espuma
bebo vino de la uva
cuando es verde es inmadura.

---

[2] Versos de Federico García Lorca extraídos de su obra *Romancero Gitano* (1928).

Prohibida fruta paraíso
busco brillo bosques pinos
baño lago zambullidos
con alegres periquitos
con amargos cocodrilos.

Veneno infusión de salvia
wakame ensalada de algas
miscelánea de hebras tangas
mordedura a la manzana
piedra jade y tierra de ámbar.

Serpiente brilla veneno
letal tóxico colegio
si me acerco hacia el huerto
pinto verde Plastidecor
pinto el suelo más de un trébol.

Trébol de la suerte Irlanda
café del maldito Starbucks
con cerveza mirto Carlsberg

que me funda en rayos láser
que me vista camuflaje.

Birra Heineken botella
más el láudano y la absenta
el jardín de aloe vera
esta inmensa musgo fiesta
menta aroma a hierba fresca.

Amarillos kiwis verdes kiwis
con absenta me iré de safari
amarilla bilis verde bilis
con aloe vera me iré de Matrix
o con Seven Up
o con aurora boreal
o con traje militar
o con traje verdemar.

Color del equipo nacional de México
color del equipo nacional del ejército
en caso de partido

los primeros serían los únicos
en mantener el color de su selección
para que no pasaran al otro campo.

Campo de fútbol
campo de tenis
campo de golf
campo de billar
árbol de Navidad
regalo: helado o polo de aguacate
regalo: helado o polo de Lacoste
aguacate mejor guacamole
cocodrilo mejor bebe un Monster.

¿Que no quieres Monster?
Pues tengo té:
té verde, té blanco, té negro;
té miro, té leo, té aprendo;
té respiro, té abismo, té verso;
té pienso, té mimo, té obsequio:
té deseo, té pasiono, té arranco.

Mantis religiosa o una lagartija
quiero lamer el Calippo de lima
¡quiero comerme las Tortugas Ninja!

¡Quiero volar
y vestir como Peter Pan
quiero imitar
la estatua de la Libertad!

Quiero ser aquel sauce llorón
quiero dejarte el subrayador
¿Merendando una lechuga?
No entiende nada la lechuza:
—Pequeño Barret, aunque seas amarillo,
¿qué hora es?
—Ya te vale, también sé guardar libros,
son más de las tres.

Tampoco lo entiende la rana Gustavo
ni Yoda
ni el pequeño Yoda
ni Shrek

ni la princesa Fiona
ni Hulk
ni Cactus de las Supernenas
ni los marcianitos de la máquina expendedora
de Toy Story
ni Piccolo (Cor Petit, para los millennials que nos
tragamos todo el Club Súper 3)
ni la muñeca verde, que ahora va sin tacones,
de los M&Ms
ni los extraterrestres de los Simpson
ni Yoshi
ni Luigi
ni la Máscara
ni el Grinch
ni el Creeper del Minecraft
ni Zelda, que en verdad es Link ...

...y, en fin.
Todo esto para decir
que tus ojos me marihuanan.

Alunizar
en sus ojos
a bordo de Apolo
un pequeño paso para un dios griego
un gran salto para mi mundo entero.

RUN THROUGH THE JUNGLE

Llevo una flecha clavada que no está en el corazón
ni ha sido lanzada por Eros dios del amor.
Llevo una flecha clavada que no está en el corazón
pero con mi vestido de lentejuelas,
que apenas cubre mis áureas piernas,
más el empeño de un ciclón
no desamarro mi duermevela
pienso llevarme por delante
todas las guerras.

Llevo una flecha clavada que no está en el corazón
ni ha sido lanzada por Eros dios del amor.
Llevo una flecha clavada en la punta del talón
que no ha sido lanzada sino por Paris:
es una herida de muerte
sin embargo, yo,
enfundada en mis Louboutin,
me tambaleo casi inerte
hago equilibrios en la barandilla de un balcón.

Mis viajes en taxi no están saliendo gratis.
Se suceden a toda velocidad, junto a mí,
carteles de conciertos de rock
almidonados, polvorientos y meados
y también descoloridos;
condenada al ostracismo y al olvido
decido empolvarme la nariz
y le cojo un cigarrillo a Paris.

Se detiene el taxi ante una señal de stop.
Suena en la radio *Run through the jungle.*
Imploro en busca de catarsis
suplico la llegada de un oasis
fuera me miran con un gesto aterrador.
Me acerco el cigarrillo a la boca y me inclino,
mirándole a los ojos:
—Paris, estoy muerta, pero mira mi pintalabios rojo:
no puedo parar.

NOSTOS

Tejiendo y destejiendo
todo lo que en años
he tardado en construir
dignidad
seguridad
consciencia feminista
madurez intelectual

tejiendo y destejiendo
imágenes que el tiempo
ya debió cristalizar
mi reflejo en el espejo
independencia
solidez
e identidad

deposito la mano sobre mi corazón constelación
para intentar dilucidar el movimiento de sus órbitas

yo no rezo
pero junto mis manos y me arrodillo
con los ojos fijos al teléfono

mi cordura pende del hilo
de una conversación
ya no distingo

tejiendo y destejiendo
cada roce con su piel
cada movimiento
es detenido
es calculado
está en mis planes
encierra dentro una lucha de titanes

yo no grito
pero araño
empujo
saco las uñas
amenazo con los ojos abiertos
ya no pienso

deposito el aliento de mi pecho sobre un calendario
para alzar contra el viento las velas del barco Argo

y esperar un momento
tan sólo ese momento.

Vuelve a Ítaca.

Vuelve a Ítaca pequeño
¿en qué animal te ha convertido
la hechicera en la residencia
que encandila tus sentidos
y eterniza mi ardua espera?

Vuelve a Ítaca pequeño
¿qué sirenas te retienen
de ambulancia en Malasaña
o policía en la Gran Vía
de camino hacia Cibeles?

Vuelve a Ítaca mi nene
¿qué caricias de joven Calipso
te fascinan y te han dado acceso
al jardín de los Campos Elíseos
dilatando así tu regreso?

Tejiendo y destejiendo
en mi cueva cuento ovejas
embriagada me repito:
nadie me mata con fuerza
nadie me ha herido
y nadie escucha mi lamento

yo no existo:
echo de menos
hundida como Tántalo
en el lago del Tártaro
con el agua hasta la barbilla
y la roca que enfila
aplasta mis senos
ya no respiro.

Tejiendo y destejiendo
el tapiz color anhelo
estampado de añoranza
y empañado de nostalgia
eres nostos
eres regreso

tejiendo y destejiendo
espero la llegada

tejiendo y destejiendo
mi deseo es añoranza

tejiendo y destejiendo
vuelve a Ítaca pequeño
te echo de menos
eres nostos
yo sujeto de deseo
ya no regreso.

EL DÍA QUE CONOCÍ A ANA ROSSETTI

El día que conocí a Ana Rossetti
pude respirar hondo
se me heló el pecho roto
al fin.

El día que conocí a Ana Rossetti
un pájaro saltó de mi mano
mi puño de eterno candado
abrí.

El día que conocí a Ana Rossetti
compré margaritas, lirios y un crisantemo
los destruí
y con los pétalos esparcidos en el suelo
me salió un te quiero
pero no quiero
no quiero
esta soga atada al cuello
este revólver en la sien

esta vida en Guantánamo
desde hace tanto tiempo
mendiga por las calles de Madrid.

El día que conocí a Ana Rossetti
fue escenario de un sordo tintineo
me hundí en un lago
me fui
perdiendo
perdiéndome
hasta desaparecer
hasta de mí misma.